AF568966

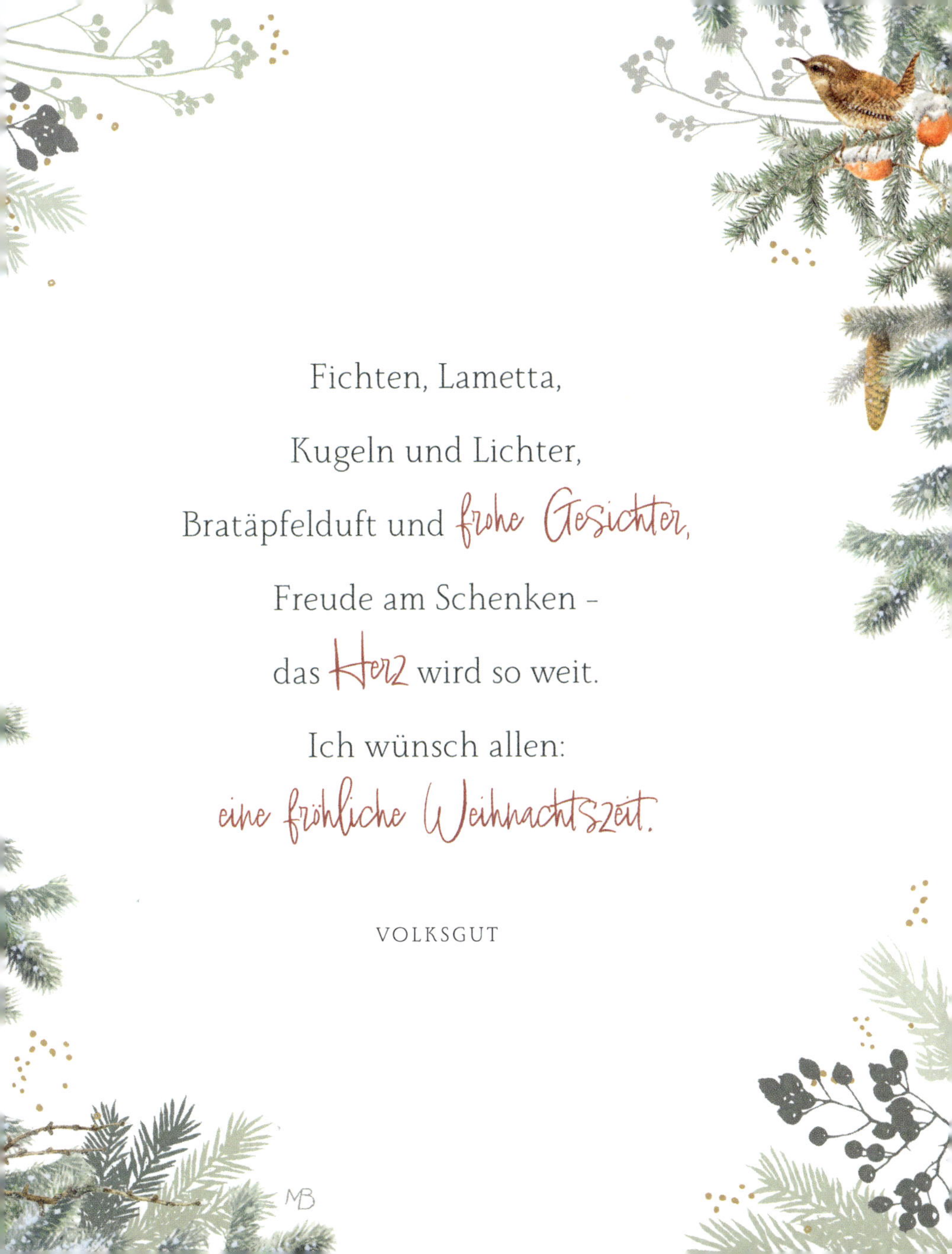

Fichten, Lametta,
Kugeln und Lichter,
Bratäpfelduft und frohe Gesichter,
Freude am Schenken –
das Herz wird so weit.
Ich wünsch allen:
eine fröhliche Weihnachtszeit.

VOLKSGUT

ISBN 978-3-649-64874-1

Hafenweg 30, 48155 Münster, Germany
Illustrationen: © 2024 Marjolein Bastin
Textsatz und grafische Gestaltung: Heike Kluge
Redaktion: Leonie Schlüter

www.coppenrath.de

Marjolein Bastin

Inhalt

Schneeflöckchen, Weißröckchen

Komm, setz dich ans Fenster,
du lieblicher Stern;
malst Blumen und Blätter,
wir haben dich gern.

Schneeflöckchen, du deckst uns
die Blümelein zu;
dann schlafen sie sicher
in himmlischer Ruh.

Lasst uns froh und munter sein

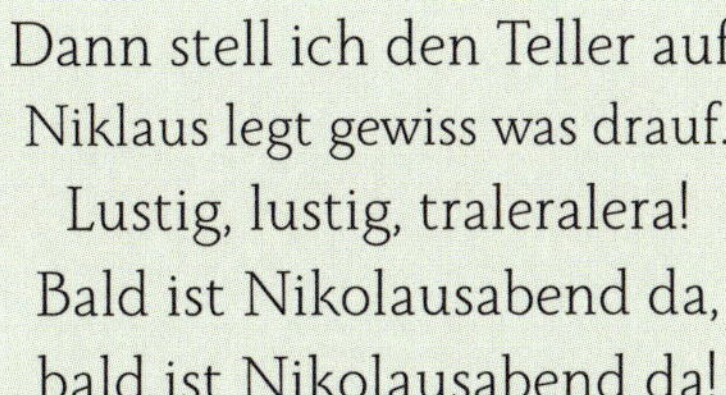

Dann stell ich den Teller auf,
Niklaus legt gewiss was drauf.
Lustig, lustig, traleralera!
Bald ist Nikolausabend da,
bald ist Nikolausabend da!

Wenn ich schlaf, dann träume ich:
Jetzt bringt Niklaus was für mich.
Lustig, lustig, traleralera!
Bald ist Nikolausabend da,
bald ist Nikolausabend da!

Wenn ich aufgestanden bin,
lauf ich schnell zum Teller hin.
Lustig, lustig, traleralera!
Bald ist Nikolausabend da,
bald ist Nikolausabend da!

Niklaus ist ein guter Mann,
dem man nicht genug danken kann.
Lustig, lustig, traleralera!
Bald ist Nikolausabend da,
bald ist Nikolausabend da!

Kling, Glöckchen, klingelingeling

Kling, Glöckchen, klingelingeling,
kling, Glöckchen, kling!
Mädchen, hört, und Bübchen,
macht mir auf das Stübchen,
bring euch milde Gaben,
sollt euch dran erlaben.
Kling, Glöckchen, klingelingeling,
kling, Glöckchen, kling!

Kling, Glöckchen, klingelingeling,
kling, Glöckchen, kling!
Hell erglühn die Kerzen,
öffnet mir die Herzen,
will drin wohnen fröhlich,
frommes Kind, wie selig.
Kling, Glöckchen, klingelingeling,
kling, Glöckchen, kling!

Süßer die Glocken nie klingen

O, wenn die Glocken erklingen,
schnell sie das Christkindlein hört;
tut sich vom Himmel dann schwingen
eilig hernieder zur Erd.
|: Segnet den Vater, die Mutter, das Kind. :|
Glocken mit heiligem Klang,
klinget die Erde entlang!

Klinget mit lieblichem Schalle
über die Meere noch weit,
dass sich erfreuen doch alle
seliger Weihnachtszeit.
|: Alle aufjauchzen mit herrlichem Sang. :|
Glocken mit heiligem Klang,
klinget die Erde entlang!

Es ist für uns eine Zeit angekommen

Es ist für uns ei - ne Zeit an - ge -

kom - men, die bringt uns ei - ne gro - ße

Freud. Es ist für uns ei - ne Zeit an - ge -

kom - men, die bringt uns ei - ne gro - ße

Freud. Un - ser Hei - land Je - sus

Christ, der für uns, der für uns, für uns

Mensch ge - wor - den ist.

|: Es sandte Gott seinen Engel vom Himmel
zur Jungfrau hin nach Nazareth. :|
»Sei gegrüßt, du Jungfrau rein,
denn aus dir, denn aus dir
will der Herr geboren sein!«

MB

Macht hoch die Tür

Macht hoch die Tür, die
Tor macht weit, es kommt der Herr der
Herr - lich - keit, ein Kö - nig al - ler
Kö - nig - reich, ein Hei - land al - ler
Welt zu - gleich, der Heil und Se - gen
mit sich bringt, der - hal - ben jauchzt, mit
Freu - den singt: Ge - lo - bet sei mein
Gott, mein Schöp - fer reich von Rat.

WEIHNACHTSLIED

Vom Himmel in die tiefsten Klüfte
ein milder Stern herniederlacht;
vom Tannenwalde steigen Düfte
und hauchen durch die Winterlüfte,
und kerzenhelle wird die Nacht.

Mir ist das Herz so froh erschrocken.
Das ist die liebe Weihnachtszeit!
Ich höre fernher Kirchenglocken
mich lieblich heimatlich verlocken
in märchenstille Herrlichkeit.

Ein frommer Zauber hält mich wieder,
anbetend, staunend muss ich stehn;
es sinkt auf meine Augenlider
ein goldner Kindertraum hernieder,
ich fühl's, ein Wunder ist geschehn.

THEODOR STORM

Leise rieselt der Schnee

In den Herzen ist's warm,
still schweigt Kummer und Harm,
Sorge des Lebens verhallt:
Freue dich, Christkind kommt bald!

Bald ist Heilige Nacht,
Chor der Engel erwacht,
hört nur, wie lieblich es schallt:
Freue dich, Christkind kommt bald!

Jingle Bells

bright; what fun it is to ride and sing a
sleigh - ing song to - night, oh!
MB

O du fröhliche, o du selige
O du fröh - li - che, o du
se - li - ge, gna - den - brin - gen - de
Weih - nachts - zeit! Welt ging ver -
lo - ren, Christ ward ge - bo - ren:
Freu - e, freu - e dich, o Chris - ten - heit!
MB

O du fröhliche, o du selige,
gnadenbringende Weihnachtszeit!
Christ ist erschienen, uns zu versühnen.
Freue, freue dich, o Christenheit!

O du fröhliche, o du selige,
gnadenbringende Weihnachtszeit!
Himmlische Heere jauchzen dir Ehre:
Freue, freue dich, o Christenheit!

Morgen, Kinder, wird's was geben

Mor - gen, Kin-der, wird's was ge - ben,
Welch ein Ju - bel, welch ein Le - ben,

mor - gen wer - den wir uns freun!
wird in un - serm Hau - se sein!

Ein - mal wer - den wir noch wach,

hei - ßa, dann ist Weih - nachts - tag!

MB

Wie wird dann die Stube glänzen
von der großen Lichterzahl!
Schöner als bei frohen Tänzen
ein geputzter Kronensaal.
Wisst ihr noch, wie vor'ges Jahr
es am Heil'gen Abend war?

Wisst ihr noch mein Räderpferdchen,
Malchens nette Schäferin,
Jettchens Küche mit dem Herdchen
und dem blank geputzten Zinn?
Heinrichs bunten Harlekin
mit der gelben Violin?

Welch ein schöner Tag ist morgen!
Neue Freude hoffen wir;
unsre lieben Eltern sorgen
lange, lange schon dafür.
O gewiss, wer sie nicht ehrt,
ist der ganzen Lust nicht wert!

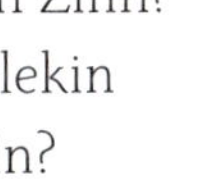

Fröhliche Weihnacht überall!
» Fröh - li - che Weih - nacht ü - ber - all! «
tö - net durch die Lüf - te fro - her Schall.
Weih - nachts - ton, Weih - nachts - baum,
Weih - nachts - duft in je - dem Raum!
» Fröh - li - che Weih - nacht ü - ber - all! «
tö - net durch die Lü - fte fro - her Schall.
Dar - um al - le stim - met

»Fröhliche Weihnacht überall!«
tönet durch die Lüfte froher Schall.
Licht auf dunklem Wege,
unser Licht bist du;
denn du führst, die dir vertraun,
ein zu sel'ger Ruh.

»Fröhliche Weihnacht überall!«
tönet durch die Lüfte froher Schall.
Was wir andern taten,
sei getan für dich,
dass bekennen jeder muss:
Christkind kam für mich.

DAS WEIHNACHTSBÄUMLEIN

Es war einmal ein Tännelein
mit braunen Kuchenherzelein
und Glitzergold und Äpflein fein
und vielen bunten Kerzelein:
Das war am Weihnachtsfest so grün,
als fing es eben an zu blühn.

CHRISTIAN
MORGENSTERN

O Tannenbaum

O Tannenbaum, o Tannenbaum,
du kannst mir sehr gefallen.
Wie oft hat nicht zur Weihnachtszeit
ein Baum von dir mich hoch erfreut!
O Tannenbaum, o Tannenbaum,
du kannst mir sehr gefallen!

O Tannenbaum, o Tannenbaum,
dein Kleid will mich was lehren:
Die Hoffnung und Beständigkeit
gibt Trost und Kraft zu jeder Zeit.
O Tannenbaum, o Tannenbaum,
dein Kleid will mich was lehren.

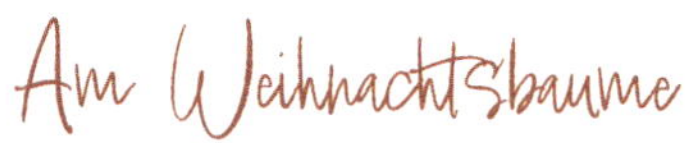

Am Weihnachtsbaume

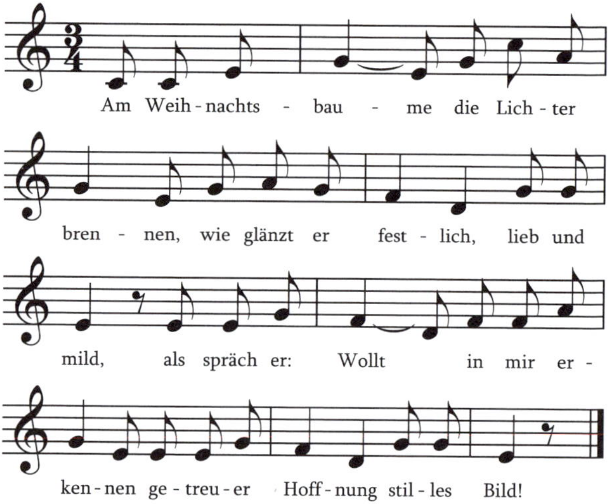
Am Weih-nachts - bau - me die Lich-ter
bren - nen, wie glänzt er fest - lich, lieb und
mild, als spräch er: Wollt in mir er -
ken-nen ge-treu-er Hoff-nung stil-les Bild!

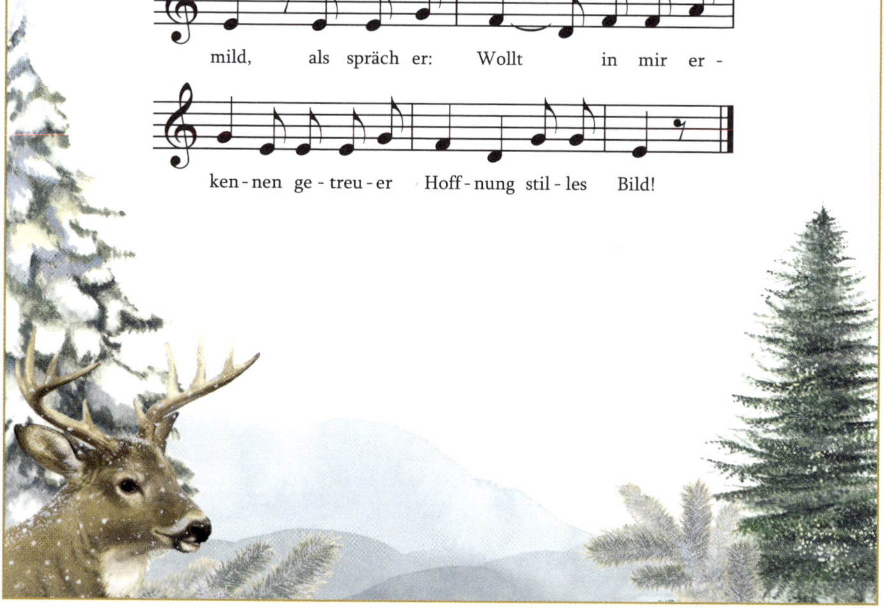

Die Kinder stehen mit hellen Blicken,
das Auge lacht, es lacht das Herz,
o fröhlich, seliges Entzücken!
Die Alten schauen himmelwärts.

Zwei Engel sind hereingetreten,
kein Auge hat sie kommen sehn,
sie gehn zum Weihnachtstisch und beten,
und wenden wieder sich und gehn.

»Gesegnet seid, ihr alten Leute,
gesegnet sei, du kleine Schar!
Wir bringen Gottes Segen heute
dem braunen wie dem weißen Haar.

Zu guten Menschen, die sich lieben,
schickt uns der Herr als Boten aus,
und seid ihr treu und fromm geblieben,
wir treten wieder in dies Haus.«

Kein Ohr hat ihren Spruch vernommen,
unsichtbar jedes Menschen Blick
sind sie gegangen wie gekommen,
doch Gottes Segen blieb zurück.

Kommet, ihr Hirten
Kom - met, ihr Hir - ten, ihr
Kom - met, das lieb - li - che
Män - ner und Fraun!
Kind - lein zu schaun!
Chris - tus, der Herr, ist heu - te ge - bo - ren,
den Gott zum Hei - land euch hat er - ko - ren.
Fürch - tet euch nicht!

Lasset uns sehen in Bethlehems Stall,
was uns verheißet der himmlische Schall!
Was wir dort finden, lasset uns künden,
lasset uns preisen mit frommen Weisen.
Halleluja!

Wahrlich, die Engel verkündigen heut
Bethlehems Hirtenvolk gar große Freud.
Nun soll es werden Frieden auf Erden,
den Menschen allen ein Wohlgefallen.
Ehre sei Gott!

Ihr Kinderlein kommet
Ihr Kin-der-lein, kom - met, o kom-met doch
all. Zur Krip - pe her kom - met in
Beth - le - hems Stall. Und seht, was in
die - ser hoch - hei - li - gen Nacht der
Va - ter im Him - mel für Freu - de uns macht.

O seht in der Krippe im nächtlichen Stall,
seht hier bei des Lichtleins hellglänzendem Strahl
in reinlichen Windeln das himmlische Kind,
viel schöner und holder, als Engel es sind.

Da liegt es, das Kindlein, auf Heu und auf Stroh;
Maria und Joseph betrachten es froh.
Die redlichen Hirten knien betend davor;
hoch oben schwebt jubelnd der Engelein Chor.

O beugt wie die Hirten anbetend die Knie,
erhebet die Händlein und danket wie sie.
Stimmt freudig, ihr Kinder - wer sollt sich nicht freun? -,
stimmt freudig zum Jubel der Engel mit ein!

Alle Jahre wieder

Al - le Jah - re wie - der

kommt das Chris - tus - kind

auf die Er - de nie - der,

wo wir Men - schen sind.

Kehrt mit seinem Segen
ein in jedes Haus,
geht auf allen Wegen
mit uns ein und aus.

Steht auch mir zur Seite
still und unerkannt,
dass es treu mich leite
an der lieben Hand.

Vom Himmel hoch
Vom Him - mel hoch, da komm ich
her, ich bring euch gu - te neu - e
Mär. Der gu - ten Mär bring ich so
viel, da - von ich singn und sa - gen will.

Euch ist ein Kindlein heut geborn,
von einer Jungfrau auserkorn,
ein Kindelein, so zart und fein,
das soll eur Freud und Wonne sein.

Es ist der Herr Christ, unser Gott,
der will euch führn aus aller Not.
Er will eur Heiland selber sein,
von allen Sünden machen rein.

Lob, Ehr sei Gott im höchsten Thron,
der uns schenkt seinen ein'gen Sohn.
Des freuen sich der Engel Schar
und singen uns ein neues Jahr.

Stille Nacht, heilige Nacht
Stil - le Nacht, hei - li - ge Nacht!
Al - les schläft, ein - sam wacht
nur das trau - te hoch - hei - li - ge Paar.
Hol - der Kna - be im lo - cki - gen Haar,
schlaf in himm - li - scher Ruh,
schlaf in himm - li - scher Ruh!
MB

Stille Nacht, heilige Nacht,
Gottes Sohn, o wie lacht
Lieb aus deinem göttlichen Mund,
da uns schlägt die rettende Stund,
Christ, in deiner Geburt!
Christ, in deiner Geburt!

Stille Nacht, heilige Nacht,
Hirten erst kundgemacht
durch der Engel Halleluja,
tönt es laut von fern und nah:
Christ, der Retter ist da!
Christ, der Retter ist da!

Silent Night

ENGLISCH

Silent night! Holy night!
All is calm, all is bright
round yon virgin mother and child.
Holy infant, so tender and mild,
sleep in heavenly peace,
sleep in heavenly peace.

Noche de paz

SPANISCH

Noche de paz, noche de amor,
todo duerme en derredor.
Entre los astros que esparcen su luz
bella anunciando al niñito Jesús
brilla la estrella de paz,
brilla la estrella de paz.

Sainte Nuit

FRANZÖSISCH

Ô nuit de paix, sainte nuit,
dans le ciel l'astre luit,
dans les champs tout repose en paix
mais soudain dans l'air pur et frais
le brillant cœur des anges
aux bergers apparaît.

Astro del ciel

ITALIENISCH

Astro del ciel, pargol divin,
mite agnello redentor!
Tu che i vati da lungi sognar,
tu che angeliche voci nunziar,
luce dona alle genti,
pace infondi nei cuor!

Ich will
Weihnachten
in meinem Herzen tragen
und versuchen,
es das ganze Jahr
zu bewahren.
CHARLES DICKENS